Inhalt

Informationsmanagement - eine Aufgabe der Unternehmensführung?

Kernthesen

Beitrag

Fallbeispiele

Weiterführende Literatur

Impressum

Informationsmanagemer - eine Aufgabe der Unternehmensführung?

I. Lukmann

Kernthesen

- Wissen und Informationen sind für Unternehmen neben Kapital, Boden und Arbeit zunehmend ein entscheidender Produktionsfaktor, mit dessen Hilfe Wettbewerbsvorteile erzielt werden können. (6), (10), (11), (12)
- Das Management sollte durch eine transparente Umsetzung des Informationsmanagements ein wissensorientiertes Verhalten bei Mitarbeitern unterstützen und fördern. (10)
- Unternehmen können durch ein sorgfältig

implementiertes Informationsmanagement die Effizienz im Unternehmen steigern. (4), (7)

Beitrag

Seit den 90er Jahren wird das Thema Informationsmanagement diskutiert. Inzwischen erkennen Unternehmen zunehmend die Wichtigkeit der Ressource Wissen, da diese dazu dient, die Effizienz im Unternehmen zu steigern und damit die eigenen Firmenwerte zu sichern. In vielen Unternehmen fördert das Management daher das Know-How seiner Mitarbeiter.

Unter Informationsmanagement versteht man unterschiedliche Maßnahmen, um für Unternehmen Informationen kontextgerecht bereitstellen und dokumentieren zu können. Dabei ist Informationsmanagement in der Regel Aufgabe des Managements, welches dafür Sorge tragen muss, über die Bearbeitung von Informationen hinweg, Ziele und definierte Aufgaben stetig im Auge zu behalten. (4), (10)

Vorgehensweise im

Informationsmanagement

Zur Optimierung des Informationsmanagements müssen zunächst alle wichtigen und geeigneten Informationen und Informationsquellen ausgewählt werden. Dies hilft dabei, Unmengen von Informationen auf wesentliche Daten zu reduzieren. Dabei spielt die Qualität von Informationen ebenfalls eine wichtige Rolle. Da die Glaubwürdigkeit und Verlässlichkeit von Informationen (beispielsweise aus dem Internet) durchaus ein entscheidender Faktor bei der Umsetzung des Informationsmanagements darstellt.

Andererseits ist Informationsmanagement auch eine Arbeitstechnik, bei der konsequent Informationen aus der alltäglich anfallenden Arbeit gesichtet und bewertet werden müssen. Schließlich müssen Informationen so gesichert werden, dass sie jederzeit von allen Beteiligten wiedergefunden werden können. (1), (4), (10)

Integration von Informationstechnologien zur Verbesserung des

Informationsmanagements

Im ersten Schritt werden Informationen gesichtet und ausgewählt. Der nächste Schritt hin zu einem sinnvollen Informationsmanagement, stellt die Integration von Informationstechnologien in die Netzwerke eines Unternehmens dar. Hierdurch lassen sich interne und externe Prozesse detaillierter abbilden. Dies wiederum führt dazu, dass das Management Geschäftsprozesse besser kontrollieren kann. (3), (4), (10)

Informationsmanagement versus Wissensmanagement

Der Unterschied zwischen Informationsmanagement und Wissensmanagement ist nicht immer klar zu erkennen. Im Rahmen von Wissensmanagement wird die Erzeugung, die Speicherung, die Verteilung und die Anwendung von Wissen in Unternehmen gesteuert. Darüber hinaus beschäftigt sich Wissensmanagement damit, auf die so genannte Wissensbasis eines Unternehmens Einfluss nehmen zu können. Unter Wissensbasis werden Daten, Informationen, Wissen und Fähigkeiten verstanden, welche Unternehmen dazu nutzen, auftretende

Problemstellungen im Unternehmen bzw. im geschäftlichen Umfeld ihres Unternehmens zu lösen. Dabei wird Wissen gleichrangig Kapital, Boden und Arbeit als Produktionsfaktor verstanden. Abgeleitet wird diese Sicht des Wissensmanagements vor allem aus der Theorie des Knowledge-based View of the Firm, welcher Information als Produktionsfaktor, mit dessen Hilfe Marktgestaltung und beeinflussung möglich wird, betrachtet.

Im Unterschied zum Informationsmanagement werden im Wissensmanagement außerdem Bereiche wie das individuelle und organisationale Lernen aus dem Gebiet der Organisationslehre mit einbezogen. Mitarbeiter sollen, beispielsweise mit Hilfe von individuellen Lernprozessen, die eigenen Qualifikationen weiter entwickeln, um diese anschließend nutzensteigernd im Unternehmen einzubringen. (4), (6), (9), (10), (11), (12)

Personenorientiertes versus dokumentenorientiertes Informations- bzw. Wissensmanagement

Häufig stellt sich bei der Einführung von

Informationsmanagement wie auch beim Wissensmanagement die Frage, welche Hilfsmittel dabei genutzt werden können. Die Ansätze des personen- und dokumentenorientierten Wissensmanagements können dabei nützlich sein.

Bei dem personenorientierten Wissensmanagement ist die Basis des Wissens die Kommunikation zwischen den einzelnen Mitarbeitern, sowie einigen Tools, mit deren Hilfe herausgefunden werden kann, welcher Mitarbeiter zu welchem Thema über Wissen respektive Informationen verfügt.

Das dokumentenorientierte Wissensmanagement fußt auf digitalen Unterlagen, die in verschiedenen Dateisystemen oder im Intranet für alle Mitarbeiter im Unternehmen zur Verfügung gestellt werden. (2)

Wissensorientierte Personalführung

Ein wesentlicher Faktor für den Erfolg von Informations- und Wissensmanagement ist das wissensorientierte Verhalten von Organisationsmitgliedern. Probleme bei der Implementierung von Informations- und Wissensmanagement entstehen daher vor allem dann, wenn Führungskräfte für ihre Mitarbeiter keine entsprechenden Freiräume oder finanziellen Mittel verfügbar machen. Häufig wird der Umstand, dass Unternehmenserfolge aus Informations- und Wissensmanagement schwer messbar sind, als Grund hierfür genannt.

Die Führungskraft sollte daher die vorliegenden Prozesse für die Mitarbeiter transparent gestalten sowie Karrieremöglichkeiten durch adäquaten Umgang mit Informations- und Wissensmanagement generieren. Auf diese Weise können mögliche Ängste vor beruflichen Nachteilen, durch Weitergabe eigenen Wissens, vermieden werden. (10)

Fallbeispiele

Das Karlsruher Unternehmen Reinisch AG ist auf Informationsmanagement und Technische Dokumentationen spezialisiert.
Vorstandsvorsitzender Franz Reinisch konstatiert, dass gerade mittelständische Unternehmen viel Potential, beispielsweise durch das Ausscheiden von Mitarbeitern mit erfolgsrelevantem Wissen, verschwenden. Laut Reinisch wäre es für KMU`s,

aufgrund ihrer Größe sowie struktureller Gegebenheiten, besonders einfach, mit Hilfe entsprechender Arbeitsmittel, effiziente Wissensmanagementsysteme aufzubauen. (1)

Google soll in Zukunft das Informationsmanagement der US-Weltraumbehörde National Aeronautics and Space Administration (Nasa) unterstützen. Dafür soll Google die Unmengen von Daten, die von der Nasa gesammelt werden, sichten und analysieren. Geschäftsführer Schmidt erläutert, dass Google für diese Partnerschaft vor allem über die notwendigen Ressourcen verfüge. (5)

Weiterführende Literatur

(1) Rohstoff Wissen
aus Scope, Heft 10, 2005

(2) Was Wissens-Management erfordert
aus Computerwoche, 27.05.2005, Nr. 21 Seite 16-17

(3) Integration von Informationstechnologien in globale Unternehmensnetzwerke - Entwicklung eines Maßnahmenkatalogs
aus ZWF - Zeitschrift für wirtschaftlichen Fabrikbetrieb, Heft 12/2004, S. 690-697

(4) Aller Anfang ist leicht
aus wissensmanagement, Heft 1, 2005, S. 3

(5) Google hilft Nasa beim Management von Informationen Suchmaschinenbetreiber errichtet Basis bei US-Weltraumbehörde
aus Financial Times Deutschland vom 30.09.2005, Seite 6

(6) IAW-Studie zur "Zukunftsfähigkeit" Die Rolle von Wissensmanagement in deutschen Wirtschaftskanzleien
aus Vermögen und Steuern 10 vom 01.10.2005 Seite 038

(7) Wissensmanagement als Erfolgsfaktor
aus www.powernews.org Meldung vom 29.07.2005 - 09:02

(8) Wissensmanagement ist wichtig
aus Scope, Heft 07, 2005

(9) Innovationstreiber Wissensmanagement – Ein Ansatz für das Total-Productive-Maintenance
aus wissensmanagement, Heft 5, 2005, S. 30

(10) Wissensmanagement – eine Führungsfrage?
aus wissensmanagement, Heft 3, 2005, S. 40

(11) Innovatives Wissensmanagement auf Basis semantischer Netze
aus ZWF - Zeitschrift für wirtschaftlichen Fabrikbetrieb, Heft 4/2005, S. 212-218

(12) Wissensmanagement in der kurzfristigen PPSOrganisationales Lernen höherer Ordnung

mittels künstlicher neuronaler Netze
aus Industrie Management, Nr. 1, 2005, 21-24

Impressum

Informationsmanagement - eine Aufgabe der Unternehmensführung?

Bibliografische Information der deutschen Nationalbibliothek

Die Deutsche Nationalbibliothek verzeichnet diese Publikation in der deutschen Nationalbibliografie; detaillierte bibliografische Daten sind im Internet über http://dnb.d-nb.de abrufbar.

ISBN: 978-3-7379-0180-2

© 2015 GBI-Genios Deutsche Wirtschaftsdatenbank GmbH, Freischützstraße 96, 81927 München, www.genios.de

Alle Rechte vorbehalten. Dieses Werk ist einschließlich aller seiner Teile – z.B. Texte, Tabellen und Grafiken - urheberrechtlich geschützt. Jede Verwertung außerhalb der Grenzen des Urheberrechtsgesetzes bedarf der vorherigen Zustimmung des Verlags. Dies gilt insbesondere auch für auszugsweise Nachdrucke, fotomechanische

Vervielfältigungen (Fotokopie/Mikroskopie), Übersetzungen, Auswertungen durch Datenbanken oder ähnliche Einrichtungen und die Einspeicherung und Verarbeitung in elektronischen Systemen.